ASALTO AL VACÍO
Antología Personal

Andrés Norman Castro

ASALTO AL VACÍO

Antología Personal

Asalto al vacío; Antología Personal ©
Andrés Norman Castro©
Prólogo por: Carla Pravisani ©
Copyright © Proyecto Editorial La Chifurnia, 2017
Colección: Palabra de alto riesgo
ISBN: 978-99961-305-0-2

Edición y Corrección: Otoniel Guevara
Arte exterior: Elmer Hernández

**Proyecto Editorial
La Chifurnia**

Proyecto Editorial La Chifurnia
Quezaltepeque, El Salvador, Centro América

POEMAS PARA REIMAGINAR.

La poesía es el arte de prestar atención, de mirar lo que nos rodea o nos involucra y lograr reconstruir esa percepción, ese entramado complejo que finalmente nos determina. Como bien lo explica el poeta Hugo Mujica: "La vida hay que vivirla, pero para ello, para vivirla humanamente hay que comprenderla. Para comprenderla y aprehenderla, significativamente, es necesario darle sentido, y no hay sentido sin palabras". Esta mirada que deambula y recrea es la que nutre los versos del poeta salvadoreño Andrés Norman Castro. En la configuración de un Dios terrenal el poeta nos acerca su propia versión de lo sagrado, como lo podemos ver en los siguientes poemas.

"Ayer intenté hervir agua bendita
Ayer intenté hervir agua bendita
y atrapar al espíritu santo
en las gotas que quedaron
en la tapadera de mi cacerola."

"Me gusta cuando llueve en diciembre
Me gusta cuando llueve en Diciembre
porque me recuerda que Dios no ha perdido
la capacidad de sorprendernos
y que hasta él se atrasa
lavando la ropa sucia."

Las imágenes se imponen, articulan un sentido y determinan un tono. Comprender es interpretar. El poeta nos obliga ver a traves de sus deformaciones a significar la cotidianeidad, a trastorcarla.

"Te miro a través
de la jarra de Pilsen,
fragmentada, deforme,
olvidada"

La belleza nace de la recuperación de los pequeños acontecimientos. El poeta trabaja con su entorno, la gata de la cuadra, las avenidas, el tráfico. También con lo limitrofe como un espacio de mutación, con el amor y sus espejos. "El escritor interroga a las palabras que a su vez le interrogan, acompaña a las palabras que a su vez le acompañan" dice Edmond Jabés. Porque escribir poesía es una forma de hacer diagnóstico y establecer correlaciones, desarticular la expectativa automática, captar el ánimo de lo que nos rodea y, por ende, de uno mismo. Como en este verso:

"Soy un precipicio
al que le dan migrañas,
que consulta a Dios en el Facebook,
que le gusta la Kim Kardashian,
que ve la televisión de 6 a 10 PM,
que se ve ridículo y vulnerable cuando duerme"

El patrimonio del poeta radica en procurar la síntesis y la nitidez, en revivenciar la experiencia subjetiva, porque como dicen los taoístas: siempre se termina volviendo al centro de uno.

Carla Pravisani
Poeta Argentina

De "Al sexto día" (La picadora de papel, Chile, 2010)

La Creación

Al quinto día
Dios despertó con un té,
y mirando a su alrededor
bebió de su taza
y dijo para sí:
"No más de lo mismo"
y el quinto se hizo sexto.

Despertóse temprano
-Dios, por supuesto-
y miró su obra
meditabundo.

Antes del ángelus
cosiendo cerrados
sus ojos y boca,
Él pensó: "¿Y hoy qué hice?"

Despedida

Extraño tu mirada
heredada de tus muertos,
profunda,
penetras mi alma,
campante.

Y en tu ausencia
asisto al almacén
con religiosidad
y tomo de la mano a
los maniquíes.

Te miro a través
de la jarra de Pilsen,
fragmentada, deforme,
olvidada.

Bebo tu nombre,
on the rocks,
puro,
y me emborracho.

Amanecer

El volar y el cantar de los pájaros
me han dicho
que de tirarte al cielo,
ahí donde ellos,
te convertirías en amanecer

De "Chile" (Inédito, 2010-2011)

I.

Voy sentado en el asiento 13,
las fauces del monstruo son mi destino.
Escucho la risotada de diablitas
que revelan las oscuras intenciones
detrás de la propuesta de beber el calostro
de la anciana mapuche
que dio a luz un cartón de vino.

Voy en el asiento 13
y las fauces del monstruo son mi destino.

VII.

Por Bellavista deambulan
tomados de brazos
musas y espíritus,
con sus barbas y sus pechos al aire,
dejando su hedor
en los callejones donde Santiago
se emborracha y baila.

De "De ahí nomás: Poesía Centroamericana y del Caribe" (Ediciones VOX, Argentina, 2013)

Día Nacional de la poesía

¿De qué sirve un "Día Nacional de la poesía"? ¿Para qué? Me ofrecí en una ONG para traducir textos de forma gratuita y me dijeron que no. El texto original decía: "Juan needs a loan to pay for his crops and you can help him" y yo lo traduje "Juan es, como muchos salvadoreños, víctima de la vida y las injusticias. Nunca aprendió a leer pero hoy tiene 3 hijos vivos y un par de muertos -como mínimo- y no le alcanza para más que frijolitos y tortilla de las delgadas para colmo. Si a usted le sobra dinero a fin de mes, le puede ayudar a este cristiano a cultivar su maíz o a cualquiera, porque aquí hay mucho pobre y mucha hambre." La ONG me mandó a volar, porque mi texto era "demasiado poético" y entonces yo pregunto ¿De qué sirve el Día Nacional de la Poesía?

De "Borderline" (Editorial Chuleta de Cerdo, Guatemala, 2013)

Soy un precipicio

Soy un precipicio
al que le dan migrañas,
que consulta a Dios en el Facebook,
que le gusta la Kim Kardashian,
que ve la televisión de 6 a 10 PM,
que se ve ridículo y vulnerable cuando duerme,
que despierta con mal aliento
que le hace el amor a ella
o a su mano, llorando, hasta caer dormido.

Yo soy un precipicio
que tendrá hijos
que van a hacer lo mismo,
a ser lo mismo
incluso, precipicios.

Cuando te fuiste

Cuando te fuiste
y me dejaste solo en la habitación
entré desnudo al baño
y al abrir la tapa del inodoro
vi el pez
que me habías dejado nadando
así, de lado
y entendí la inmensidad de nuestro amor
cuando me negué a liberarlo
a la inmensidad del mar.

Me gusta cuando llueve en Diciembre

Me gusta cuando llueve en Diciembre
porque me recuerda que Dios no ha perdido
la capacidad de sorprendernos
y que hasta él se atrasa
lavando la ropa sucia.

Ayer intenté hervir agua bendita

Ayer intenté hervir agua bendita
y atrapar al espíritu santo
en las gotas que quedaron
en la tapadera de mi cacerola.

A las 8 de la noche de viernes

A las 8 de la noche de viernes
las calles de San Salvador se recogen
y por un momento solo queda el eco del silencio
a la espera de que te maquilles sentada en el inodoro
viendo al espejo mientras te polvoreas la cara
para tapar tus poros por donde se te escurre el fuego
cuando te compartes con otro
con todos
porque sos demasiado bella para uno
para mí
para ninguno.

Con Gabriel soy el peor de los capitalistas

Con Gabriel
soy el peor de los capitalistas:
"¡Esa boquita es mía
y esas manitas
y esos pelitos
y esas piernitas
y esa cabecita
y esa caquita
...todo, todo, todo
es mío!"

Si yo hubiera sido un Rey Mago

Si yo hubiera sido un Rey Mago,
seguro llevo una pulserita de coral
para que no le hagan mal de ojo
al Niño Dios.

De "Limítrofe" (Inédito, 2012-2017)

Vienen los lobos

Vienen los lobos
Date prisa
Besame
Escuchá el eco de la la polvora en el parque
bajo este árbol donde la lluvia nos baña
Abrazame fuerte para que el frío no se cuele
bajo nuesta piel
El rapto viene
Esos son ángeles con pasamontañas
No me soltés
Arde mi pecho
Es el calor de la sangre que brota
de estos orificios.

Exilio

Jamás voy a volver.

No quiero presenciar la muerte de la imaginación,
la de mi padre,
ni la desesperación que desagarró
las paredes donde habitaban las golondrinas.

Tampoco quiero ser testigo
de la conversión de mi madre en arbusto,
solo para encontrar a un rinoceronte
-unicornio verdadero-
pastando detrás de ella;
a la espera de ser montado a mi regreso.

Jamás voy a volver.

La ventana al alma

La ventana al alma es borrosa
Vi al diablo en los encajes de sus muslos
Su recitación fue más espiritual que poética
Mi peregrinación empezó con Elías
La flor nació en el umbral de sus pezones
Este beso resiste al llamado de las ratas.

De "Aftermath" (Inédito, 2016-2017)

El gato de la cuadra

El gato de la cuadra
huye
después de liarse a muerte
con el perro del vecino
y lame sus heridas
dónde el perro no lo mira
pero piensa en él,
cómo yo pienso en tu corazón,
justo cuando ambos nos preparamos
para nuestro próximo asalto.

Las avenidas

Desde la primera vez que te vi pasar
nunca has dejado de hacerlo
sobre las avenidas
de mis ojos.

Te busco

Te busco
como el niño que busca a su juguete favorito
como la madre que busca a su hijo perdido
como el volcán busca a su pueblo en donde derramarse
como el sicario busca a su contrato
te busco
en los dedos de La Malinche sobre la mejilla de Cortés
en el tatuaje de la Virgen sobre la espalda del pandillero
en el beso de Judas
porque somos
los escombros sobre los que construyeron la madrugada
las cucharas soterradas
la risa aplastada debajo de la cañería
somos
la mirada del ciervo con un orificio de bala en el cuello
el olor a limpio de la funeraria
somos reencuentro
somos ruina
porque ya
no somos.

El tráfico de las 6 en San Salvador

El tráfico de las 6 en San Salvador
es no dormir durante 72 horas seguidas
es una migraña que no cede
es el infierno de Sartre
es hacer el amor con condón
es echarle sal al café y no azúcar
es una Coca-Cola de dieta
es un beso sin lengua entre dos enamorados
es una canción de reguetón en el transporte público
es el calor de medio día en San Miguel
es un vello púbico en el asiento del baño
es un teléfono que suena en Cinépolis en noche de estreno.
es ir a la librería sin un centavo en la bolsa.

Cuando no voy camino a tus brazos
el tráfico de las 6 en San Salvador
es más insoportable
que el tráfico de las 6
en San Salvador.

Andrés Norman Castro (San Salvador, El Salvador, 18 de febrero de 1989) Poeta, editor, columnista, estudiante de Psicología y educador bilingüe. Ganador del premio "Escritor Destacado del 2013" por Televisión de El Salvador (Canal 10) y el programa La Cancha del Arte. En el 2013 fundó en San Salvador la "Editorial del Gabo", la cual continua dirigiendo.

Tiene algunos poemas traducidos al portugués y al francés, así como su libro Borderline (Encuentros Imaginarios-Siesta Förlag, Suecia, 2015) traducido al sueco. Ha sido Incluido en revistas literarias, periódicos y programas radiales en gran parte del continente americano, así como en España. Su trabajo también ha sido antalogado en diversos trabajos entre los que destacan las antologías "De ahí nomás: Poesía centroamericana y del Caribe" (Ediciones VOX, Argentina, 2013); "Un tapiz en el Centro (un coro de poesía contemporánea de América Central)" (Revista Omnibús, España, 2014); y "Subterránea Palabra" (THC Editores, El Salvador, 2016) entre otras recopilaciones. Ha participado en Festivales, encuentros internacionales y recitales de poesía en Suecia, Chile, Argentina, Guatemala, Honduras y El Salvador.

Tiene publicados los poemarios "Al sexto día" (La Picadora de Papel, Chile, 2010); "Embutido de Ángel y Bestia" (La Cabuda Cartonera, El Salvador, 2011) y "Borderline" (Editorial Chuleta de Cerdo, Guatemala, 2013).

Actualmente se encuentra escribiendo los libros "Aftermath" y "Limítrofe".